Grundschule

Rudi Lütgeharm

Stundenbilder Sport

Turnerische Grundformen schnell und sicher lernen

2

Methodische Übungsreihen

- Ziele
- Zielgruppen
- Benötigte Geräte

KOHL VERLAG
Lernen mit Erfolg
Der Verlag mit dem Baum
www.kohlverlag.de

Möchten Sie mehr vom Kohl-Verlag kennen lernen? Dann nutzen Sie doch einfach unsere komfortable und informative Homepage! Dort erwarten Sie wertvolle Informationen rund um unser gesamtes Sortiment sowie aussagekräftige Leseproben zu jedem lieferbaren Produkt!

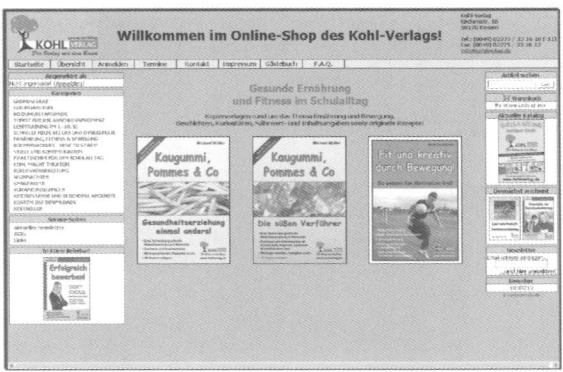

www.kohlverlag.de

Stundenbilder Sport / Band 2
Turnerische Grundformen schnell und sicher lernen

6. Auflage 2008

© Kohl-Verlag, Kerpen 2001
Alle Rechte vorbehalten.

Inhalt: Rudi Lütgeharm
Illustrationen: Scott Krausen
Grafik & Satz: COPS, Alsdorf
Druck: Druckerei Ralf Küster, Aachen-Brand

Bestell-Nr. 11 251

ISBN: 3-86632-226-7

Stundenbilder — Inhalt

	Thema/Intentionen	Turnerische Grundformen	Geeignet für ...	Seite
1.	Lernen und Üben Rolle vorwärts	Rolle vorwärts	Jungen und Mädchen ab dem 5./6. Lebensjahr	4 bis 5
2.	Hockwenden lernt man schnell ...	Hockwende	Jungen und Mädchen ab dem 6./7. Lebensjahr	6 bis 8
3.	Aufschwingen in den Handstand	Handstand	Jungen und Mädchen ab dem 6./7. Lebensjahr	9 bis 11
4.	Lernen und Üben der Rolle rückwärts	Rolle rückwärts	Jungen und Mädchen ab dem 7./8. Lebensjahr	12 bis 14
5.	Grätsche über den Bock und Doppelbock	Grätsche	Jungen und Mädchen ab dem 7./8. Lebensjahr	15 bis 17
6.	Aufschwung am Reck mit Geräthilfen	Aufschwung	Jungen und Mädchen ab dem 7./8. Lebensjahr	18 bis 19
7.	Vom Überradeln der Bänke zum Rad	Rad	Jungen und Mädchen ab dem 8./9. Lebensjahr	20 bis 22
8.	Handstandabrollen aus der Bauchlage vom Kasten	Handstandabrollen	Jungen und Mädchen ab dem 8./9. Lebensjahr	23 bis 25
9.	Umschwung am Reck mit „Hilfen"	Umschwung vorlings rückwärts	Jungen und Mädchen ab dem 9./10. Lebensjahr	28 bis 27
10.	Flugrolle an unterschiedlichen Geräten	Flugrolle	Jungen und Mädchen ab dem 9./10. Lebensjahr	28 bis 30

Stundenbild 1 — Rolle vorwärts

Ziele: Lernen und Üben der Rolle vorwärts
Schulen der Grundtätigkeiten Springen, Stützen und Rollen

Geeignet für: Jungen und Mädchen etwa ab dem 5./6. Lebensjahr

Unterrichtsmittel: 6 kleine Kästen, 3 Sprungbretter, 12 Matten, ca. 20-25 Gymnastikreifen

Einleitender Teil

 Die zu Beginn der Stunde aufgebauten Kästen und Matten dienen als Hindernisse.

```
>>>>>>>>  [ ][    ]          [ ]         [   ]      [   ]
 Riege A

           kleiner Kasten   unterlegtes Sprungbrett
                            (schräge Ebene)
>>>>>>>>  [ ][....]          [ ][Matte]   [Matte]    [Matte]
 Riege B         Matte      kleiner Kasten

>>>>>>>>  [ ][    ]          [ ]         [   ]      [   ]
 Riege C
```

- **Hindernisfangen.**
  Die Geräte dürfen übersprungen und überlaufen werden. Damit das Fangen intensiver wird, werden drei Fänger bestimmt (durch Parteibänder kennzeichnen). Bei Abschlag erfolgt der Rollentausch (Parteiband übergeben).

- Wie vor, aber mit Freimal. Die kleinen Kästen werden als Freimal benutzt. Es darf aber immer nur einer auf dem Kasten stehen.

Hauptteil

- **Rückenschaukel.**
  Macht euch ganz klein. Zunächst sucht sich jedes Kind einen freien Platz und führt dort die Rückenschaukel aus. Mehrmals turnen, evtl. auf Matten.

Seite 4

Danach stellen sich die Schüler in drei Riegen auf (Skizze).
- Knie oder hocke dich hin, setze die Hände schulterbreit auf die Matte, nimm den Kopf auf die Brust - ganz rund machen - und rolle ab. Die Schwerkraft unterstützt die Rollbewegung.
- Rolle vorwärts aus dem Knie – oder Handstand vom kleinen Kasten
- Schlusssprung vom kleinen Kasten auf die schräge Ebene mit sofortiger Rolle vorwärts. Mehrmals ausführen.

☞ Nutze den Schwung des Sprunges aus. Setze die Hände schulterbreit auf die Matte (Fingerspitzen nach vorn), nehme den Kopf auf die Brust (Paket), und mache dich ganz rund.

- Wer auch das mehrmals einwandfrei geturnt hat, versucht es jetzt vom kleinen Kasten, aber ohne „schräge Ebene" - Differenzierung!
- Wie vorher, aber nach der Rolle Stütz der Hände auf der Matte, dann fassen die Hände schnell an die Unterschenkel. Mehrmals ausführen.

☞ Demonstrationen des richtigen Bewegungsablaufes helfen die Bewegungsvorstellungen der Kinder zu vervollkommnen.

- Wie vorher, aber ohne Niedersprung vom Kasten.

Schlussteil

 Die Geräte werden vor Beginn des Schlussteils abgebaut.

Der Lehrer legt in beliebiger Anordnung Gymnastikreifen auf dem Spielfeld aus, jeweils einen weniger als Teilnehmer.
- Alle Schüler laufen im schnellen Tempo im Flankenkreis außen um das Spielfeld herum. Sobald der Pfiff des Spielleiters ertönt, sucht sich jeder ein Haus und setzt sich darin nieder. Wer bekommt kein Haus?
- Man kann das Spiel auch mit Punktwertung spielen, d.h., es werden zehn Reifen weniger als Spieler ausgelegt. Spielverlauf wie oben. Wer kein Haus erreicht, erhält einen Minuspunkt. Wer hat bei Spielende die wenigsten Minuspunkte?

Stundenbild 2 — Hockwende

Ziele: Lernen und Üben der Hockwende an verschiedenen Geräten, Schulen der Grundtätigkeiten Springen und Stützen.

Übende: Jungen und Mädchen ab dem 6./7. Lebensjahr.

Unterrichtsmittel: 4 Turnbänke, 8 Matten, 8 kleine Kästen, 2 kleine Stützbarren, 3 Medizinbälle

Einleitender Teil

 Alle Geräte werden vor Beginn des Übens am vorher gekennzeichneten Stellen gemeinsam aufgebaut.

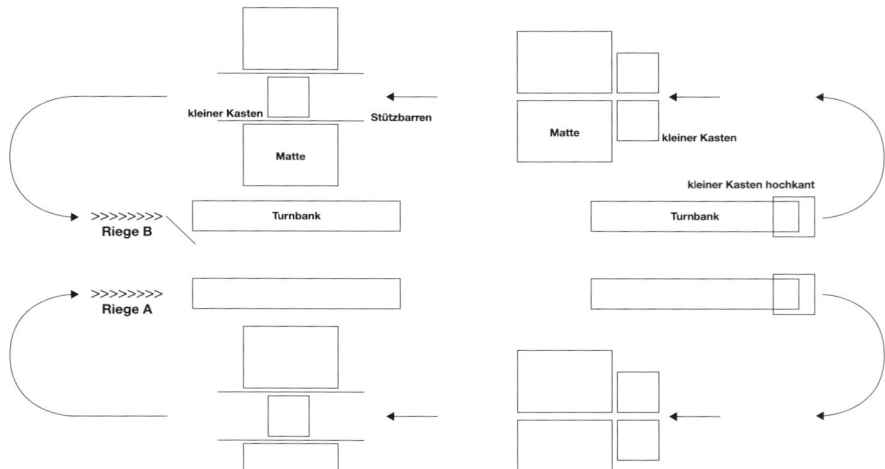

 Die Schüler üben in der Einleitung in Partnerform. Sie stellen sich zwischen den Geräten auf, jedes Paar sucht sich einen freien Platz.

- **„Hahnenkampf".**
Beide Schüler halten ihre Arme vor der Brust verschränkt und versuchen, auf einem Bein hüpfend sich gegenseitig aus dem Gleichgewicht zu bringen. Wer das zweite Bein aufsetzen muss, hat verloren. Lasse auch Gewinner gegen Gewinner und Verlierer gegen Verlierer spielen.

- **„Füße weg".**
Zwei Schüler fassen sich an den Händen und versuchen, sich gegenseitig auf die Füße zu treten. Durch gewandtes Ausweichen, Täuschen und schnelles Reagieren bemüht sich jeder, die meisten Pluspunkte zu sammeln.

Hauptteil

 Die Schüler stellen sich in zwei Riegen auf (siehe Skizze).

- Beliebiges Überwinden aller Geräte. Zwei Durchgänge.

- Hockwenden an der Turnbank, alle anderen Geräte beliebig überwinden.

☞ Der Lehrer oder ein Schüler demonstrieren die Hockwende, alle anderen Kinder versuchen sie nachzuvollziehen.

- Hockwenden an der Turnbank und an der ansteigenden Turnbank, sonst wie vorher.

☞ Versuche dich so kräftig abzustützen, dass das Gesäß hoch über dem Stützpunkt der Hände kommt. „Wer kann lange in der Luft bleiben?"

- Hockwenden über die kleinen Kästen, sonst wie vorher. Der Kasten ist breiter als die Bank, die Schüler müssen die Hockwende schwungvoller turnen (aus dem Anlauf mit beidbeinigem Absprung).

- Stand auf dem kleinen Kasten in der Holmengasse, beide Hände fassen die Holme: Hüpfen - Hüpfen und Hockwende rechts oder links in den Außenquerstand (evtl. mit Hilfe).

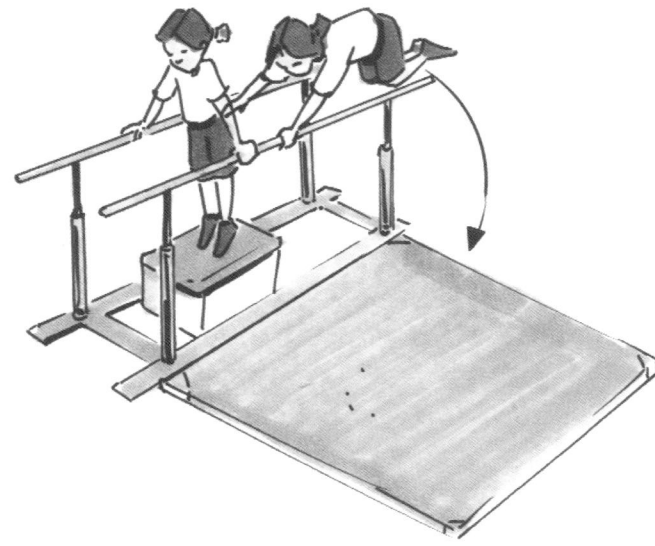

Seite 7

Die Hockwende am Barren ist sehr stützintensiv. Das Hüpfen auf dem kleinen Kasten erweist sich als bewegungsunterstützend, manche Schüler brauchen hier die Hilfe des Lehrers. Bei fehlerhafter Ausführung der Hockwende wird die Übung noch einmal demonstriert.

- Wer schafft an jedem Gerät die Hockwende ohne Hilfe?

Schlussteil

 Die Geräte werden schnell gemeinsam abgebaut. Die Lehrkraft teilt drei Riegen ein.

- **Wettwanderlauf mit Ball.**
  Spielerzahl ca. 10 Kinder je Mannschaft.
  Der Ball wandert über die Köpfe der dicht hintereinander stehenden Spieler hinweg. Wenn er am Ende angelangt ist, läuft der letzte Spieler vor und stellt sich vor die Reihe und gibt den Ball erneut durch. Sieger ist die Riege, deren Anfangsspieler als erster mit dem Ball wieder vor der Reihe steht.

- Wie vor, aber durch die gegrätschten Beine.

Stundenbild 3 — Handstand

Ziele: Aufschwingen in den Handstand
Schulen der Grundtätigkeiten Stützen und Schwingen

Geeignet für: Jungen und Mädchen etwa ab dem 6./7. Lebensjahr

Unterrichtsmittel: 2–3 Turnbänke, 6–8 Turnmatten

Einleitender Teil

„Toter Mann".
Ca. 10 Kinder sitzen mit angehockten Beinen eng nebeneinander im Innenstirnkreis und strecken die Arme aus. In der Kreismitte sollte nur so viel Platz sein, dass ein Kind gerade stehen kann. Auf ein Zeichen der Lehrkraft macht sich dieses Kind ganz steif und lässt sich mit angelegten Armen zur Seite fallen. Die weit vorgestreckten Hände der im Kreis sitzenden Kinder fangen den „toten Mann" sofort auf, um ihn mit fast gestreckten Armen von sich zu schieben und ihn so im Kreis herumzureichen. Anfangs muss die Lehrkraft sicher etwas mithelfen. Der „tote Mann" sollte oft ausgewechselt werden.

Hauptteil

Lernvoraussetzungen
- Stützkraft der Arme und des Schultergürtels.
- Spannungsfähigkeit der Rumpf- und Gesäßmuskulatur.
- Koordinationsfähigkeit, um die einzelnen motorischen Vorgänge (Stand- und Schwungbeineinsatz sowie Armeinsatz) im Gesamtbewegungsablauf zweckmäßig zu regeln.
- Vorübungen, die Teile des Handstands vorbereiten (Zappelhandstand, Hopserschritt).

Methodische Übungsreihe

Der Übende steht im engen Ausfallschritt an der Bank. Der vordere Fuß wird etwa 2-3 Fußlängen von der Bank entfernt aufgesetzt, das Knie ist gebeugt; der andere Fuß wird entsprechend rückgesetzt, so dass das Bein gestreckt ist.

- Die Hände fassen mit gestreckten Armen die Bank (Kante und Fläche); der Kopf wird leicht angehoben (nicht ins Genick - kein Hohlkreuz). Aus dieser Stellung das hintere, gestreckte Bein (Schwungbein) leicht hochschwingen. Die Arme bleiben dabei gestreckt, das vordere Bein bleibt auf dem Boden.

Seite 9

☺ Wie vorher, aber wer kann sich, nachdem das Schwungbein kräftig rückhoch aufschwingt, zusätzlich mit dem vorderen Bein (Standbein) abstoßen? Die Landung erfolgt wieder in der Ausgangsstellung.

☺ Wie vorher, aber aus dem Stand. Der Übende steht mit über dem Kopf erhobenen Händen zur Bank, das vordere Bein ist leicht gebeugt, das hintere Bein gestreckt. Sich vorfallen lassen, die Hände auf die Bank setzen, das Schwungbein rückhoch schwingen und sich mit dem Standbein kräftig abdrücken. Anschließend gleich wieder in die Ausgangsstellung zurückschwingen und erneut üben.

☺ Handstand an der Wand. Wenn möglich, werden die Matten so gelegt, dass sie noch etwa 30 bis 50 cm an der Wand hochliegen (Matte etwas knicken), so dass bei einem evtl. Einknicken der Arme oder nicht ausreichender Hilfe der Übende nicht mit dem Kopf gegen die Wand schlägt. Ausgangsstellung wie vorher beschrieben (also aus dem Stand, Beinstellung beachten, Hände über dem Kopf). Anfangs wird der Handeinsatz auf der Matte durch Kreidestriche markiert, um ein zu nahes oder zu weites Aufsetzen der Hände zu verhindern.

 **Hilfeleistung:**
Rechts und links steht ein Helfer, der das Schwingen durch das Zufassen an den Oberschenkeln unterstützt.

☺ Wie vorher, aber mit schrittweisem Abbau der Hilfeleistung - nur mit einer Hilfeleistung. Wer schafft das Aufschwingen in den Handstand gegen die Wand ohne Hilfe?

Schlussteil

 „Das geteilte Paar".

In zwei diagonal gegenüberliegenden Spielfeldecken steht je ein Kind. Beide laufen auf ein Zeichen der Lehrkraft in das Spielfeld (Turnhalle) und versuchen, sich zu vereinen. Alle anderen Kinder verhindern dies durch geschicktes Davorlaufen oder Sperren (nicht festhalten). Gelingt den beiden Kindern die Vereinigung (Berührung), so werden sie zu Fängern, fassen sich schnell an und versuchen zwei andere Kinder abzuschlagen, die dann in die Spielfeldecken gehen, damit das Spiel erneut beginnen kann.

Stundenbild 4 — Rolle rückwärts

Ziele: Lernen und Üben der Rolle rückwärts
Schulen der Grundtätigkeiten Springen, Stützen und Rollen

Geeignet für: Jungen und Mädchen etwa ab dem 7./8. Lebensjahr

Unterrichtsmittel: 8 – 10 Turnmatten, 1 Turnbank, 1 Weichboden, 2 Sprungbretter, 2 kleine Kästen

Einleitender Teil

☺ „Lustiges Fangen".
Es wird einfaches Fangen mit ständigem Wechsel verschiedener Lauf-, Hüpf- und Gangarten gespielt. Hat das fangende Kind (mit Parteiband kennzeichen), einen Läufer abgeschlagen, so darf dieser die neue Bewegungsform vormachen, die sofort von allen anderen Kindern auch ausgeführt werden muss.

Hauptteil

☺ **„Rückenschaukel":**
Aus dem Hocksitz (Sitz mit angehockten Beinen - Hände fassen an die Schienbeine) Rückenschaukel auf einer Matte am Boden ausführen (siehe Stundenbild Rolle vorwärts). Mehrere Male hintereinander turnen.

☞ Auf einer Matte können nebeneinander immer 3 Kinder üben.

☺ Wie vorher, aber Rückenschaukel mit der richtigen Handfassung.

☞ Beim Rückschaukeln werden die Hände neben dem Kopf und auf den Boden gesetzt, die Finger zeigen in Bewegungsrichtung.

☺ Wie vorher, aber wer schafft es mehrere Male hintereinander rhythmisch: Aus dem Hocksitz in die Rückenschaukel mit umgesetzten Händen und wieder zurück in den Hocksitz.

☺ Aus dem Hocksitz Rolle rückwärts auf der steilen „schrägen Ebene": Turnbank mit einem abfallenden Weichboden. Evtl. muss die Lehrkraft bei einigen Kindern den Bewegungsablauf unterstützen, damit sie „rumkommen".

☺ Aus dem Hocksitz oder schon aus der Hocke Rolle rückwärts auf der flachen „schrägen Ebene" (Sprungbrett mit Turnmatte) darüber. Diese Übung muss einige Male wiederholt werden, bis sich der Bewegungsablauf gefestigt hat.

☞ **Hinweise:**
Immer den Rückschwung ausnutzen und ganz eng zusammenbleiben (Kopf an die Brust, „Paket"). Schnell die Hände neben dem Kopf auf die Matte setzen – die Hände unterstützen die Rollbewegung – „Nachdrücken"!

☞ Demonstrationen des richtigen Bewegungsablaufes helfen die Bewegungsvorstellungen der Kinder zu vervollkommnen. Differenzierung!

☺ Vom kleinen Kasten auf eine flache schräge Ebene Niedersprung rückwärts in die halbe Kniebeuge und sofortige Rolle rückwärts in die Hocke.

☞ **Hinweise:**
Den Schwung des Niedersprungs voll für die Rückwärtsbewegung ausnutzen.

☺ Wer auch das mehrmals einwandfrei geturnt hat, versucht es jetzt vom kleinen Kasten, aber ohne „schräge Ebene".

 Alle Geräte werden gemeinsam abgebaut.

Schlussteil

☺ „Schwarz und Weiß."

Spielfeld: ca. 10x20 m;

Es werden 2 Mannschaften mit 10 bis 15 Kindern gebildet, die sich gegenüberstehen.

In der Mitte des Spielfeldes wird ein 2 bis 3 m breiter neutraler Streifen durch Taue oder Klebestreifen markiert.

Der neutrale Streifen trennt die Parteien (Schwarz und Weiß). Der Lehrer ruft laut eine Partei auf, die dann sofort die Flucht ergreifen muss, denn die andere Gruppe versucht die Davoneilenden vor Erreichen der Grundlinie (mindestens 5 m von der nächsten Wand entfernt!!!) abzuschlagen. „Welche Mannschaft hat nach 3 Minuten die meisten Punkte?"

Seite 14

Stundenbild 5 — Grätsche

Ziele: Lernen und Üben der Grätsche über den Bock und Doppelbock
Schulen der Grundtätigkeiten Stützen und Springen

Geeignet für: Jungen und Mädchen etwa ab dem 7./8. Lebensjahr

Unterrichtsmittel: 5 kleine Kästen, 4 Böcke, 3 Sprungbretter, 3 Matten

Vorüberlegungen

Die Grätsche kann über eine sinnvoll aufgebaute methodische Übungsreihe mit Möglichkeiten eines differenzierten Übungsangebotes ohne große Schwierigkeiten erarbeitet werden. Hilfen durch den Lehrer und Geräthilfen ermöglichen ein sicheres Ausführen und gutes Gelingen der Grätsche.

 Voraussetzungen für das Gelingen dieser Bewegungsfertigkeit sind grundlegende Bewegungserfahrungen mit den Grundtätigkeiten Springen und Stützen, ferner eine gut entwickelte Sprung- und Stützkraft sowie das sichere Beherrschen des beidbeinigen Absprungs vom Sprungbrett aus dem Steigerungslauf.

☞ Das Grätschen wird von Beginn an ganzheitlich, zunächst am Ort, dann in der Bewegung und schließlich über ein Gerät ausgeführt. Durch die leichte Einstiegsübung und die kleinen Lernschritte haben zunächst fast alle Schüler Erfolgserlebnisse, die sich wiederum motivierend auf den weiteren Lernprozess auswirken werden.

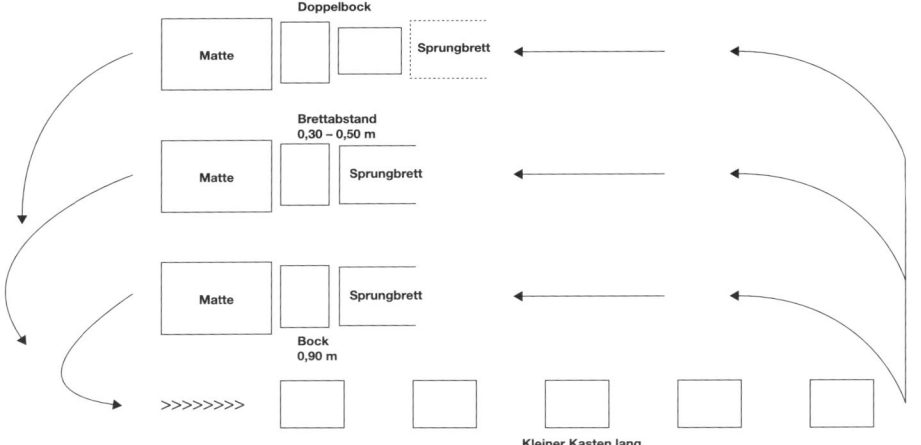

Methodische Übungsreihe

1. Aus dem Liegestütz vorlings Angrätschen mit gestreckten Beinen. Wer schafft es bis zur Linie der Hände? Übe mehrere Male rhythmisch nacheinander.

2. Aus dem Grätschstand mit Stütz der Hände auf dem Boden (der Stütz erfolgt direkt vor dem Körper, die Arme sind hierbei gestreckt). Vorrutschen oder Vorfassen der Hände und anschließendes Nachgrätschen mit (fast) gestreckten Beinen. Führe diese Übung 5- bis 10mal nacheinander aus, bis es fließend und ohne Unterbrechung gelingt.

3. Wie 2., aber versuche, eine kleine Flugphase vor dem Stütz der Hände einzufügen. Erst abspringen, dann stützen und nachgrätschen. Übe diesen Bewegungsablauf mehrmals rhythmisch nacheinander.

4. Anlaufen oder Angehen, Absprung mit beiden Füßen, Vorfassen der Hände auf das entfernte Ende des kleinen Kastens und Übergrätschen. Zunächst sollte diese Übung nur an einem kleinen Kasten ausgeführt werden.

5. Mehrere kleine Kästen stehen hintereinander (Abstand ca. 1,5 m bis 2 m - siehe Skizze). Versuche nun, die Grätsche mehrmals nacheinander über die kleinen Kästen auszuführen. Zwischen den Kästen soll nur noch ein Zwischenhüpfer (mit beiden Füßen) ausgeführt werden, der dann sofort in den nächsten beidbeinigen Absprung übergeht.

6. Wie 5., aber versuche, eine Flugphase vor dem Stütz der Hände auszuführen und die Füße bei der Landung zu schließen. Übe mehrere Male die Grätsche an der Kastenreihe. Beide Füße auf die Reihe. Erst wenn diese Übung flüssig und ohne Schwierigkeiten geturnt werden kann, geht der Schüler zum Bock.

7. Grätsche über den seitgestellten Bock (ca. 90 cm hoch). Die Kinder grätschen über die kleinen Kästen, laufen dann sofort weiter zum Bock und führen dort die Grätsche mit Hilfe aus. Es darf kein Stau zwischen den kleinen Kästen und dem Bock entstehen.

Der Lehrer steht in Schrittstellung hinter dem Gerät und unterstützt (hebend und ziehend) mit beiden Händen an den Oberarmen des Übenden die Bewegung. Mit zunehmendem Können wird die Hilfeleistung Schritt für Schritt abgebaut.

8. Wie 7., aber Grätsche über den Bock mit erweitertem Brettabstand (ca. 30 bis 50 cm). Auch hier sollten vorher immer wieder die kleinen Kästen übergrätscht werden (siehe Skizze).

9. Grätsche über den Doppelbock mit Stütz der Hände auf höherem Bock. Die leistungsstärkeren Übenden versuchen die Grätsche über dieses Gerät. Dazu werden zwei Böcke zusammengestellt. Der dem Sprungbrett nähere Bock wird lang (Höhe 0,90 m); der entferntere seitgestellt (Höhe 1,10 m).
Zunächst wird auch hier mit Hilfeleistung geübt, später mit Sicherheitsstellung.

Stundenbild 6 — Aufschwung

Ziele: Lernen und Üben des Aufschwungs
Schulen der Halte- und Stützkraft

Geeignet für: Jungen und Mädchen etwa ab dem 7./8. Lebensjahr

Unterrichtsmittel: 2 Recke, 1 Stufenbarren, 2 Sprungbretter, 5-6 Turnmatten, 2 große Kästen, 15-20 Medizinbälle und viele kleine Gymnastikbälle

Einleitender Teil

 Die Recke und der Stufenbarren werden zu Beginn der Stunde gemeinsam mit den Kindern aufgebaut und teilweise für die Erwärmung genutzt.

☺ **„Verbotene Übung":**
Die Lehrkraft oder auch ein Kind führt den anderen Kindern in Folge ganz bestimmte Übungen vor, z.B. Hampelmannspringen, Hüpfen einbeinig, Sprung in den Stütz an den Recken und am Stufenbarren, Armkreisen vorwärts, Gehen auf allen Vieren, Froschsprünge usw.. Eine Übung z.B. „das Hüpfen einbeinig" darf nicht nachgemacht werden, wird aber vom Lehrer immer wieder eingestreut. Wer sich täuschen lässt und diese „verbotene Übung" doch nachmacht, bekommt einen Minuspunkt. Evtl. können auch 2 verbotene Übungen eingestreut werden.

Hauptteil

 Die Höhe der Reckstangen oder der untere Holm des Stufenbarrens werden etwa brust- bis stirnhoch eingestellt.

1. LERNSCHRITT:

Kleiner Stufenbarren
Außenseitstand vor dem niedrigen Holm des Stufenbarrens (Schrittstellung, Arme sind gebeugt): Einen Fuß an den hohen Holm schwingen (setzen) und dann beide Beine über den niedrigen Holm schwingen; sich dort in den Stütz aufrichten.
Mehrmals hintereinander üben bis es (fast) ohne fremde Hilfe gelingt.

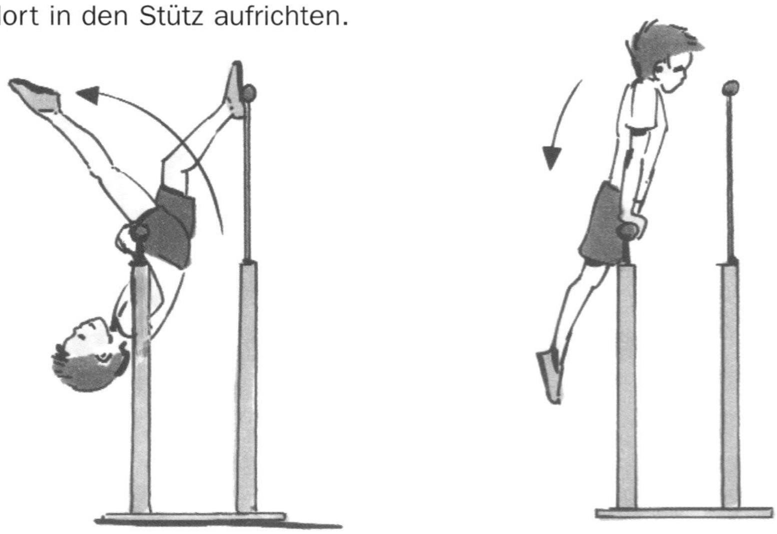

Hilfeleistung:
Wenn möglich sollte das Kind die Übungen allein ausführen. Bei einigen Kindern muss die Lehrkraft evtl. am Rücken und an den Oberschenkeln die Aufschwungbewegung unterstützen (nicht mehr als nötig !!!).

Seite 18

2. LERNSCHRITT:
Reck mit vorgestellter schiefer Ebene (offener Kasten mit anliegendem Kastendeckel)
Den „Berg" hinauflaufen, sich intensiv abstoßen und die Beine über die Reckstange schwingen; sich anschließend im Stütz aufrichten.

Hilfeleistung wie unter 1. beschrieben.
Nach etlichen Wiederholungen wird
der Bewegungsablauf noch einmal
vorgemacht und dabei auf die wichtigsten
Merkmale des Aufschwungs hingewiesen.

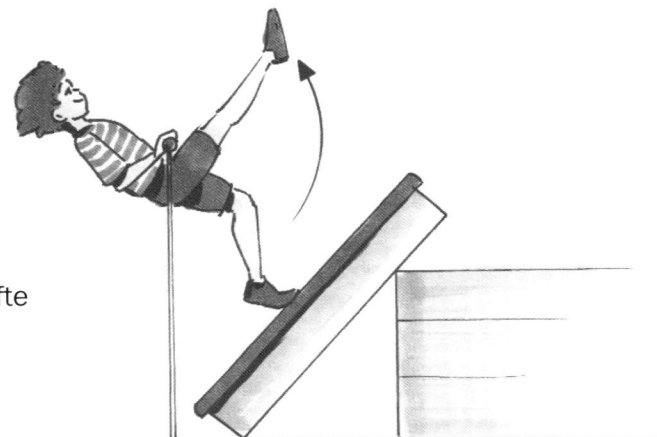

☞ **Hinweise:**
Wichtig ist, dass das Kind sich mit der Hüfte
nicht zu weit von der Stange entfernt –
Arme sind gebeugt, Kopfhaltung normal
(nie in den Nacken nehmen!).

3. LERNSCHRITT:
Reck mit Sprungbrett
Der Lehrer oder ein Schüler demonstrieren den Aufschwung am Reck mit Unterstützung des Sprungbrettes.

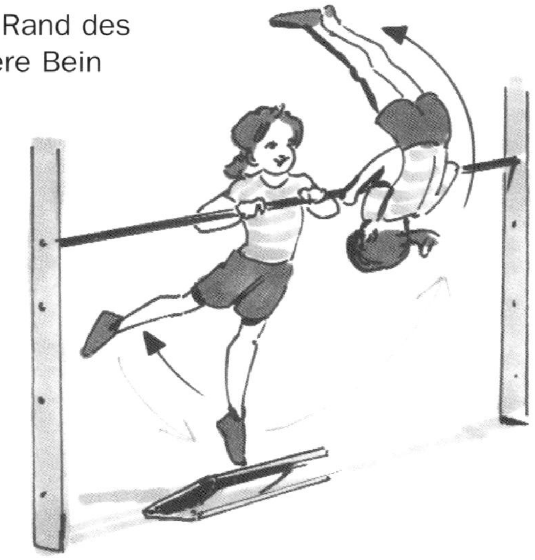

☺ Aufschwung am Reck mit einbeinigem Stand auf dem Rand des Sprungbrettes. Ein Fuß steht auf dem Rand, das andere Bein (Schwungbein -„zieht dich hoch und um die Stange"), schwingt am Sprungbrett vorbei, die Brust berührt dabei fast die Reckstange, Arme sind gebeugt, Kopfhaltung normal.
Immer wieder turnen, bis es (fast) ohne Hilfe gelingt.

☞ **Hinweise:**
Die Kinder auf den kräftigen Schwungbeineinsatz hinweisen.
Lehrer und/oder Mitschüler unterstützen evtl. den Aufschwung am Rücken und an den Oberschenkeln.

4. LERNSCHRITT:

☺ Wie vorher, aber wer schafft den Aufschwung ohne helfende Unterstützung ?

☺ Wie vorher, aber nach dem Aufschwung aufrichten, hinten abspringen und Rolle vorwärts auf der Matte turnen.

✕ Alle Geräte werden gemeinsam abgebaut.

Schlussteil

 "Zielball":
In der Mitte des Spielfeldes werden zwei Turnbänke aufgestellt, auf denen ca. 15 bis 20 Medizinbälle liegen (oder Keulen stehen). Hinter den Grundlinien des Spielfeldes, ca. 10 m von den Bänken entfernt, stehen sich die beiden Mannschaften gegenüber und versuchen, die Medizinbälle mit Gymnastikbällen von den Bänken zu werfen. Gewonnen hat die Mannschaft, bei der die wenigsten Medizinbälle liegen.

Stundenbild 7   Rad

Ziele: Vom Überradeln der Bänke zum Lernen und Üben des Rades
Schulen der Grundtätigkeit Stützen und koordinativer Fähigkeiten

Geeignet für: Jungen und Mädchen etwa ab dem 8./9. Lebensjahr

Unterrichtsmittel: 3 Turnbänke, 2 Kastendeckel, 4 Turnmatten, 3 Fahnenstangen (Wendemale)

Einleitender Teil

 Die Turnbänke und die Kastendeckel mit den Matten werden zu Beginn der Stunde gemeinsam aufgebaut und intensiv für die Aufwärmung genutzt. Die Kinder stellen sich in drei Riegen zu den Bänken auf.

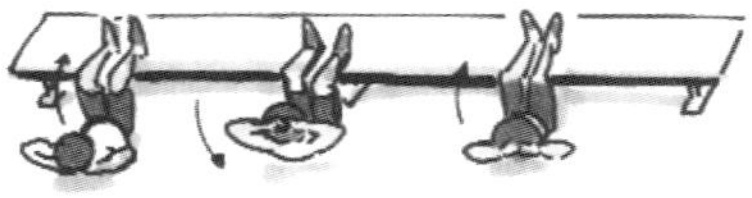

☺ Beliebiges Überlaufen der Bänke, außen rechts und links zurück zum Stellplatz.

☺ An jeder Bank 5 Schrittwechselsprünge ausführen.

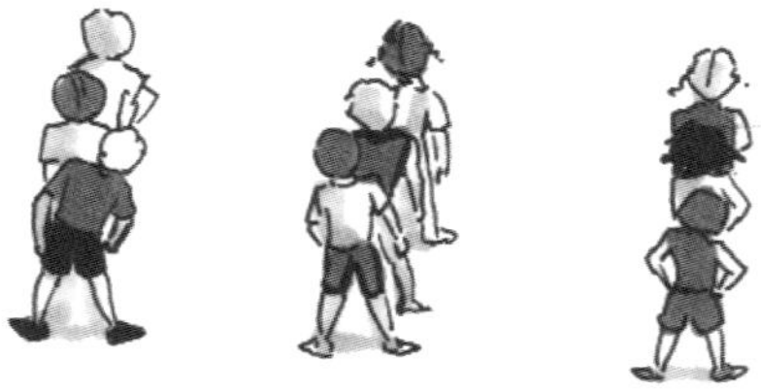

☺ Aus dem Liegestütz vorlings an jeder Bank fünfmal auf- und abstützeln, d.h. rechte Hand auf die Bank, linke Hand auf die Bank, rechte Hand runter, linke Hand runter usw..

☺ 5 Schlusssprünge auf oder über die Bänke.

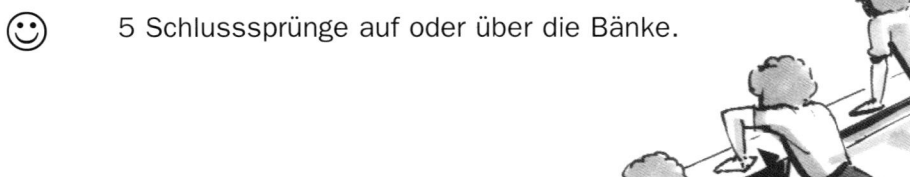

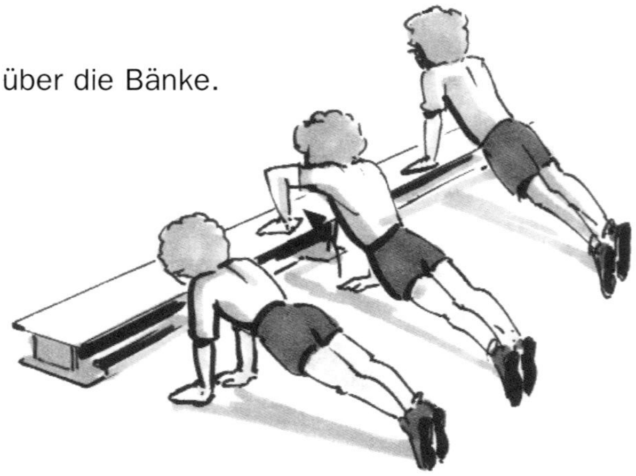

Seite 20

☺ Aus der Rückenlage (Hände neben den Ohren) fünfmal bis zur Schrägen (45 Grad – nicht mehr) aufrichten (Kopf bleibt normal). Hierbei befindet sich ein Fuß auf und ein Fuß unter der Sitzfläche der Bank. Auch diese Übung an jeder Bank ausführen, danach zum Stellplatz zurücklaufen.

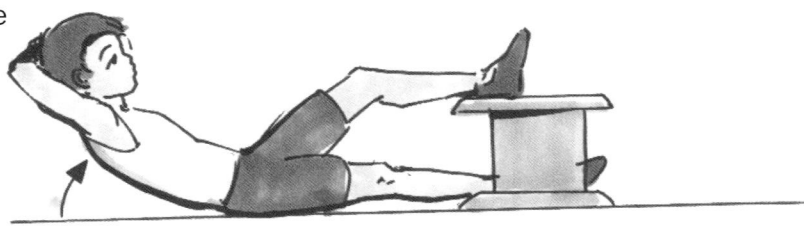

Hauptteil

Die Riegen aus der Einleitung werden für den Hauptteil übernommen.

☺ Überradeln der Bänke. Mit einem Fuß abspringen, die Bank mit den Händen fassen und auf dem anderen Fuß landen. Mehrere Durchgänge ausführen lassen.

☞ **Hinweise:**
Diese Übung sollte nach den ersten eigenen Versuchen noch einmal durch ein Kind oder durch die Lehrkraft vorgemacht werden, um die Bewegungsvorstellung zu vervollkommnen.

☺ Wie vorher, aber wer kann sich nach der Landung sofort in die Bewegungsrichtung weiterdrehen?

☺ Wie vorher, aber darauf achten, dass Füße und Hände in einer Linie aufgesetzt werden.

☞ **Hinweise:**
Evtl. eine Linie auf der Bank und auf dem Boden eine Linie (mit Kreide oder Klebeband) zur besseren Selbstkontrolle ziehen. Nach dieser Übung muss wahrscheinlich differenziert werden. Kinder, die die letzte Aufgabe gut gelöst haben, stellen sich jetzt an den Stirnseiten der Turnbänke auf. Die anderen Kinder üben an einer Bank in gewohnter Weise weiter und werden von der Lehrkraft ständig weiter beobachtet (evtl. weitere Hilfen und Hinweise geben).

Rad mit Absprung von der Bank. Die erste Hand fasst auf die Bank, die zweite auf den Kastendeckel. Evtl. hilft der Lehrer oder Übungsleiter durch Hilfeleistung an der Hüfte. Mehrere Male üben. Zwischendurch immer wieder einige Schüler demonstrieren lassen und Hinweise zum Bewegungsablauf geben.

 Hinweise:
Bei dieser Übung wird ganz deutlich die zweite Hand spät aufgesetzt (Höhenunterschied).
Außerdem müssen die Füße und Hände auf einer Linie eingesetzt werden.
Zum Abschluss des Hauptteils sollten (wenn sie es sich zutrauen!!!) auch die leistungsschwächeren Schüler diese Übung an der Bank mit dem Kastendeckel versuchen.

Schlussteil

 Zubringerstaffel über die Hindernisse.
Spielerzahl etwa sechs bis acht Läufer pro Riege.

Bei dieser Staffel beginnt der Läufer Nr. 1 jeder Riege und läuft über die Bänke, um ein Wendemal (Fahnenstange) und zurück zu seiner Mannschaft. Er fasst den Spieler Nr. 2 an der Hand und läuft mit ihm über die Hindernisse bis zum Wendemal. Hier nun bleibt der Spieler Nr. 1 stehen, während der Läufer Nr. 2 zurückeilt, um Nr. 3 abzuholen und dann auch am Wendemal zu bleiben usw..

Welche Mannschaft steht zuerst auf der anderen Seite ?

Stundenbild 8 — Handstandabrollen

Ziele: Lernen und Üben des Handstandabrollens
Schulen der Grundtätigkeiten Stützen und Schwingen

Geeignet für: Jungen und Mädchen etwa ab dem 8./9. Lebensjahr

Unterrichtsmittel: 2 große hüfthohe Kästen, 2 Sprungbretter, 8 Turnmatten,
2 – 3 Gymnastik- oder Medizinbälle

Einleitender Teil

Die benötigten Geräte werden zu Beginn der Stunde gemeinsam aufgebaut und dienen bei der Aufwärmung als Hindernisse („Aufpassen").

„Paarfangen" mit Kerze als Freimal. Als Spielfeld gesamte Turnhalle, Spielerzahl unbegrenzt. Hat der vorher bestimmte Fänger einen Spieler abgeschlagen, dann geben sich beide die Hände und fangen als Paar weiter, bis ein dritter und vierter Mitspieler gefangen wurde. Um dem Abschlagen zu entgehen, kann ein „verfolgtes" Kind auf einer Matte oder auch auf dem Boden eine „Kerze" turnen und darf nicht abgeschlagen werden und das Fängerpaar muss sich anderen Kindern zuwenden.

Sobald eine Kette von vier Spielern besteht, teilt sich die Gruppe wieder zu Paaren. Das geht so lange, bis alle Spieler gefangen wurden. Das Paar darf nicht die Handfassung lösen; läuft eine Dreiergruppe, so haben nur die äußeren Spieler „Schlagrecht".

Hauptteil

1. LERNSCHRITT

Sitz - eine „Kerze" turnen und sich in den Hüften abstützen. Die Übung so oft ausführen, bis sie sicher beherrscht wird.

Hinweise zum Abrollen:
Der Körper ist dabei gestreckt. Aus dieser Haltung sich vorfallen lassen und beim Rollen die Knie an die Brust ziehen und ganz rund machen. Versuchen, ohne Nachstützen der Hände in den Stand zu kommen.

Danach stellen sich die Kinder in vier Riegen an den hüfthohen Kästen auf.

2. LERNSCHRITT

Handstandabrollen aus der Bauchlage vom Kasten. Diese Übung so lange üben, bis sie fast ohne Hilfeleistung ausgeführt werden kann. Erst dann zur nächsten Station weitergehen.

☞ **Hinweise:**
Sich mit dem Bauch auf den seitgestellten hüfthohen Kasten legen. Die Hände dicht an den Kasten auf die Matte setzen – Fingerspitzen zeigen nach vorn – Kopfhaltung normal. Beim Auftakt leicht die Hüften beugen und kräftig in den Handstand aufschwingen.

 Die Hilfeleistung unterstützt das Aufschwingen in den Handstand zunächst mit Griff an den Oberschenkeln.

3. LERNSCHRITT

Aufschwingen in den Handstand und Abrollen mit Gerätehilfe (schräge Ebene). Einige Male wiederholen, bis diese Übung fast ohne Hilfe gelingt. Erst dann mit der nächsten Übung beginnen.

Hinweise:
Mit Auftaktschritt in den Handstand schwingen. Die Hände dicht an das Reutherbrett mit darüberliegender Matte setzen. Sich leicht überfallen lassen und erst dann im Abrollen die Knie an die Brust ziehen.

 Die Hilfeleistung unterstützt zunächst noch mit Griff an den Oberschenkeln.

4. LERNSCHRITT
Üben und Festigen des Handstandabrollens auf der Matte. In den Handstand schwingen und abrollen. Einen Strecksprung anschließen.

 Zu Beginn des Übens an dieser Station kann evtl. noch eine leichte Hilfeleistung gegeben werden.

Schlussteil

 „Tunnelball".
Spielerzahl: ca. zehn in einer Mannschaft.
Spielgerät: ein Gymnastik- oder Medizinball.

 Hinweise:
Die Spieler jeder Mannschaft begeben sich in Linie nebeneinander in den Liegestütz vorlings und bilden somit einen Tunnel. Der erste und der letzte Spieler stehen. Nachdem der vorn stehende Schüler auf ein Zeichen des Lehrers den Ball durch den Tunnel durchgerollt hat, schließt er sich sofort dem Tunnel an; alle Schüler nehmen, sobald der Ball unter ihnen durch ist, die Bauchlage ein. Der letzte Schüler nimmt den gerollten Ball auf und läuft mit ihm vor, um ihn ebenfalls durch den Tunnel zu rollen. Das wiederholt sich so lange, bis die alte Reihenfolge wieder hergestellt ist.
Welche Riege ist zuerst durch?

Stundenbild 9 — Umschwung

Ziele: Lernen und Üben des Umschwungs vorlings rückwärts
Schulen von Griffsicherheit, Arm-, Schulter- und Stützkraft

Geeignet für: Jungen und Mädchen etwa ab dem 9./10. Lebensjahr

Unterrichtsmittel: 3 Recke, 3 kleine Kästen, 6 Turnmatten, 2 Gymnastikstäbe

Einleitender Teil

 Die Recke mit den kleinen Kästen werden zu Beginn der Stunde gemeinsam mit den Kindern aufgebaut.

☺ **„Tauziehen mit Gymnastikstab".**
Es werden zwei zahlenmäßig gleichstarke Mannschaften gebildet. Das erste Kind jeder Gruppe (mit guter Haltekraft) fasst den quer gehaltenen Gymnastikstab, der die Verbindung zwischen den beiden Mannschaften bildet. Alle anderen Mitspieler umfassen jeweils ihren Vordermann an den Hüften. Auf ein Zeichen der Lehrkraft beginnt das „Ziehen". Das Ziel jeder Mannschaft besteht darin, eine ca. 5 m hinter dem letzten Kind stehende Keule zu greifen.

☞ **Das Reißen einer Kette bedeutet das vorläufige „AUS".**
Es kommt also auf ein dosiertes und koordiniertes Ziehen an.

Hauptteil

Die Höhe der Reckstangen oder der untere Holm des Stufenbarrens werden etwa brust- bis stirnhoch eingestellt.

☞ Die Klasse oder Gruppe stellt sich in drei Riegen hinter den Recken auf. Man sollte hierbei etwas auf die Körpergröße der Kinder achten – „Höhe der Reckstange"!!!!

☺ **Wiederholende und „eingewöhnende" Aufgaben:**
- Sprung in den Stütz, Niedersprung und Rolle vorwärts auf der Matte.
- Aufschwung mit und ohne Hilfe, Absprung und evtl. Unterschwung.

1. LERNSCHRITT

☺ Stand auf dem kleinen Kasten: Beidbeiniger Absprung vom kleinen Kasten und Sprung in den Stütz am Reck, Niedersprung und Rolle vorwärts auf der Matte. Die Übung etliche Male wiederholen.

2. LERNSCHRITT

☺ Wie vorher, aber wer kann daraus sofort wieder von der Stange abschwingen (nach hinten-oben) und im sicheren Stand auf dem kleinen Kasten landen. Die Übung einige Male wiederholen, bis der Rückschwung sicherer wird.

☞ **Hinweise:**
Wichtig hierbei ist, dass der Bewegungsablauf nicht unterbrochen wird, d.h. nach dem Sprung in den Stütz schwingen die Beine kurz vor (Schwung holen), um sofort nach hinten oben aufzuschwingen (Kein Hohlkreuz – Kopfhaltung normal!).

3. LERNSCHRITT

Wie vorher, aber nach dem Sprung in den Stütz erfolgt (wie bisher) das Aufschwingen in den freien Stütz (Hüften von der Stange weg, Schulterpartie etwas vorverlagern). Der Rückschwung führt den gestreckten Körper an die Reckstange. Sobald die Hüften (der Bauch) die Stange berühren, schwingen die Beine (fast alleine) vor, und der Oberkörper legt sich zurück.

Hilfeleistung: Zwei Helfer stehen vor der Reckstange und fassen mit einer Hand unter der Stange hindurch an die Handgelenke des Kindes. Mit der anderen Hand unterstützten sie den Übenden während des Umschwingens am Rücken (an die Reckstange drücken).

☞ **Hinweise:**
Bei dieser Übung muss wahrscheinlich mit differenzierter Aufgabenstellung weitergearbeitet werden, d.h. einige Kinder üben noch das „Rückschwingen und den Sprung auf den kleinen Kasten", während die meisten den 3. Lernschritt versuchen und einige sogar bald ohne Hilfe üben können – 4. Lernschritt.
Nach etlichen Wiederholungen wird der Bewegungsablauf noch einmal vorgemacht und dabei auf die wichtigsten Merkmale des Umschwungs hingewiesen.

4. LERNSCHRITT

☺ Wie vorher, aber schrittweiser Abbau der Hilfeleistung. „Wer kann es ohne jede Hilfe?" „Wer braucht nur noch eine Hilfe?"

☺ Wie vorher, aber wer kann den Aufschwung und den Umschwung vorlings rückwärts flüssig verbinden?

 Alle Geräte werden gemeinsam abgebaut.

Schlussteil

 Tauziehen mit Tau oder mit Gymnastikstab (wie in der Einleitung beschrieben).

Stundenbild 10 — Flugrolle

Ziele: Lernen und Üben der Flugrolle an Stationen
Schulen der Grundtätigkeiten Springen, Stützen und Rollen

Geeignet für: Jungen und Mädchen etwa ab dem 9./10. Lebensjahr

Unterrichtsmittel: 1 Turnbank, 2 kleine Kästen, 1 mittelhoher großer Kasten, 4 Sprungbretter, 10 – 12 Turnmatten, 8 – 10 Gymnastikbälle, 2 Softbälle

Einleitender Teil

Die benötigten Geräte werden zu Beginn der Stunde gemeinsam aufgebaut.

„Fänger gegen Paare":
Es werden Dreiergruppen gebildet. A und B fassen sich an den Händen, wobei B einen Ball prellen muss, während A die Aufgabe erhält, seinen Hintermann zu schützen.
Partner C versucht B durch geschicktes Verhalten den Ball wegzuschlagen.
Gelingt ihm das, erfolgt Rollentausch.

Hauptteil

Alle Kinder stellen sich zu Beginn des Hauptteils in mehreren Gruppen hinter der Turnbank auf. Der Lehrer oder Übungsleiter schickt nur die Kinder zur nächsten Station, die die vorher geforderte Bewegungsaufgabe mehrere Male einwandfrei geturnt haben.

1. STATION

Rolle vorwärts aus dem Knie- oder Hockstand von der Bank. (Wiederholung der Rolle vorwärts - Einstiegsübung)

Wie vorher, aber beim Rollen weiter vorgreifen.

2. STATION

☺ Aus dem Stand von der Schrägen des Reutherbrettes Absprung und Flugrolle. Jeder Schüler sucht sich seinem Könnensstand entsprechend die jeweilige Höhe auf der Schrägen aus. Zunächst weit unten beginnen, nach „guten Versuchen" langsam weiter nach oben gehen. Sich mit leicht gewinkelten Hüften vorfallen lassen und den weit nach vorn greifenden Armen nachspringen: Erst Springen, dann Stützen, dann Rollen.

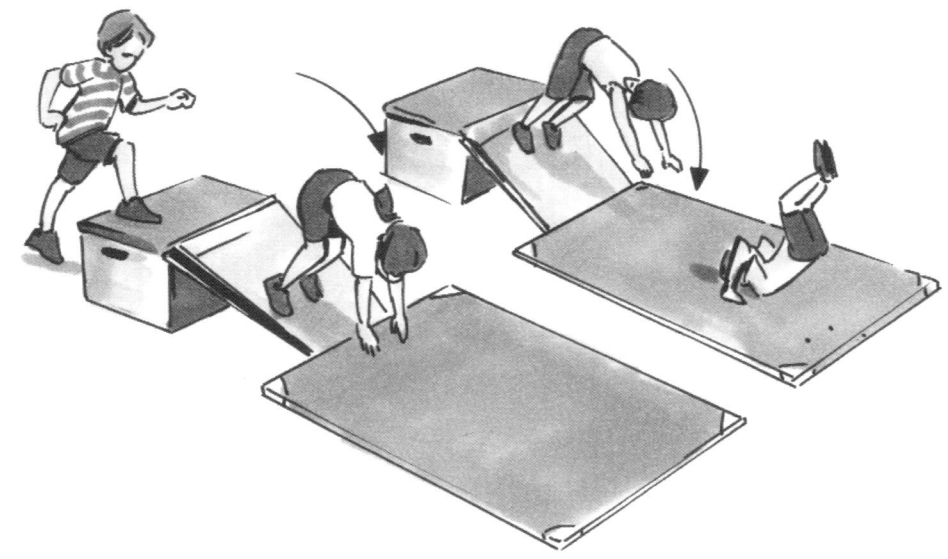

☞ **Hinweise:**
Erst dann zur nächsten Station weitergehen, wenn die Flugrolle mit Absprung vom kleinen Kasten mehrere Male gelungen ist.

3. STATION

☺ Aus dem Stand vom hüfthohen Kasten Schlusssprung auf das Reutherbrett und Flugrolle auf die Matte (doppelte Mattenlage). Mit geschlossenen Füßen von dem Kasten auf das Sprungbrett springen. Die Körperspannung beibehalten und kraftvoll vom federnden Brett abspringen: Springen - Stützen - Rollen.

☞ **Hinweise:**
Zwischendurch werden immer wieder einige Schüler zum Vormachen aufgefordert, um die

4. STATION

 Mit drei oder fünf Schritten Anlauf eine Flugrolle turnen (doppelte Mattenlage). Auf dem Kastendeckel wird nur der letzte Schritt ausgeführt, der Absprung erfolgt mit beiden Beinen vom Sprungbrett.

 Hinweise:
Aus dem (zunächst vorsichtigen) Anlauf heraus erfolgt der Auftaktschritt auf den Kastendeckel. Die mitgebrachte Anlaufgeschwindigkeit wird flüssig in den beidbeinigen Absprung vom Sprungbrett umgesetzt.

 Die Geräte werden schnell gemeinsam abgebaut.

Schlussteil

 „Treffer sammeln".
Alle Kinder verteilen sich in der Turnhalle (im Spielfeld). Jeder kann jeden abwerfen. Die Lehrkraft wirft zwei „Softbälle" ins Spiel. Der nächststehende Schüler ergreift den Ball und versucht ein anderes Kind abzuwerfen (Laufen mit dem Ball in der Hand ist nicht erlaubt!). Wer als nächster den Ball bekommt, setzt das Abwerfen fort. Wer hat nach ca. 5 Min. die meisten Treffer erzielt (nicht mogeln!)

Literaturunterricht

Römische Formel Eins ... und weitere 18 lustige Sachgeschichten

Jede Kurzgeschichte wird mit einer themenbezogenen Rätselseite abgerundet, diese Aufgaben wirken zusätzlich motivierend für die Schüler und helfen dabei, sich das Gelesene besser einzuprägen. Der Lesestoff kann auch themenvertiefend bearbeitet oder zur Differenzierung verwendet werden. Das Arbeitsheft beinhaltet 36 Kopiervorlagen zu allen Sachtexten. Die Arbeitsblätter, liebevoll gestaltet, liefern sinnvolles Übungsmaterial zu den Bereichen Rechtschreibung, Grammatik und freies Schreiben.

- **Taschenbuch** *(DIN A5, 106 S.)*
  Nr. 10 795   8,90 €
- **Arbeitsheft** *(36 Kopiervorlagen)*
  Nr. 10 813   10,90 €
- **Zusammen:**
  Nr. 40 107   <u>nur</u> 16,90 €

Lernwerkstatt Märchen, Fabeln & Sagen

Märchen, Fabeln & Sagen sind ein wesentlicher Bestandteil des Unterrichtes in den Klassenstufen 3 und 4. Diese literarischen Gattungen haben einen festen Stellenwert, da sie nachweislich die **Sprech- und Schreibkompetenzen der Schülerinnen und Schüler fördern**. Die Arbeitsblätter dieser Lernwerkstatt inspirieren zum **kreativen Schreiben** und zum Umgang mit der **Fantasie**. Die einzelnen Aufgaben gehen neben den verkürzten Inhalten der Märchen, Fabeln und Sagen auch auf das **Textverständnis** und den **Sinn** ein. Zusätzlich lockern **Spiele** den Unterricht auf. Mit **Tests** zu den jeweiligen Themen!

Aus dem Inhalt: Des Kaisers neue Kleider; Das kalte Herz; Der Löwe und die Maus; Der gierige Hund; Das Pferd aus Holz; Krabat; Im Sagenholz; Wer wird Märchenrätselkönig u.v.m.

60 Kopiervorlagen

Nr. 10 857   15,80 €

Freunde werben Freunde!

... und so einfach geht's!

1. Sie tragen Ihre Adresse und Ihre Kundennummer (siehe im Adressfeld auf der Katalogrückseite) auf dem Formular unten ein und werben eine/n weitere/n Lehrer/in, Erzieher/in oder sonstige/n Pädagoge/in.

2. Sie füllen die Adressfelder sorgfältig aus und schicken uns die Angaben (bitte nur Privatadressen) per Post (Kohl-Verlag, Postfach 7128, 50150 Kerpen) oder Sie faxen es uns (Nr. 02275/331612).

3. Kreuzen Sie Ihre Wunschprämie an!

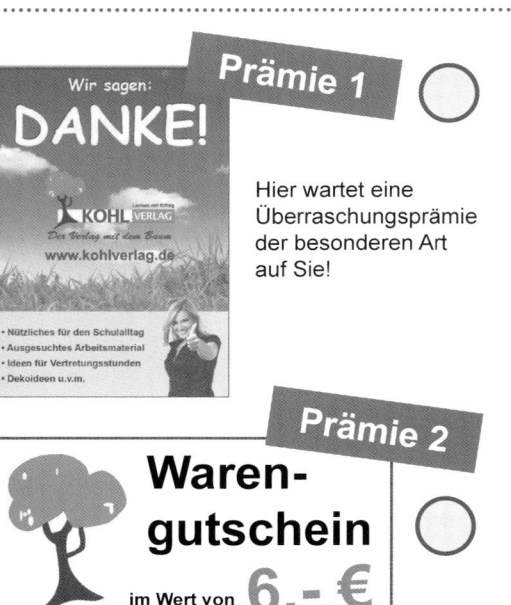

Prämie 1
Hier wartet eine Überraschungsprämie der besonderen Art auf Sie!

Prämie 2
Warengutschein im Wert von **6,- €**
Einlösbar mit Ihrer Bestellung!

Meine Adresse
Meine Kundennummer: ☐☐☐☐☐☐
Vorname, Name: _____
Straße: _____
PLZ, Wohnort: _____

Neukunde
Folgende(r) Lehrer/in ☐, Erzieher/in ☐, sonstige Pädagogin ☐ oder
☐ _____ würde gerne den Kohl-Katalog beziehen:
Vorname, Name: _____
Straße: _____
PLZ, Wohnort: _____
Datum, Unterschrift: _____

Kohl-Verlag • Kirchenstr. 16 • 50170 Kerpen • Bestell-Hotline: 02275 / 331610 • Fax: 02275 / 331612   www.kohlverlag.de

Sport & Bewegung

Stundenbilder Sport

Diese seit Jahren beliebte und bewährte Serie „Stundenbilder Sport" vom erfahrenen Autor Rudi Lütgeharm bietet fertig ausgearbeitete Stundenbilder Ihren Sportunterricht. Jeder Band enthält zehn methodische Übungsreihen mit genauen Angaben zu Zielgruppen, Zielen und den benötigten Geräten.

Grundschule

Sekundarstufe

- **Band 1** (Bewegung, Abenteuer, Spiel & Spaß) — Nr. 11 250
- **Band 2** (Turnerische Grundformen lernen) — Nr. 11 251
- **Band 3** (Leichtathl. Grundformen lernen) — Nr. 11 252

Je 10,- €

- **Band 1** (Koordination, Kondition, Bewegung) — Nr. 14 00
- **Band 2** (Geräteturnen mit Spaß & Spannung) — Nr. 14 00
- **Band 3** (Leichtathletik, Bewegung) — Nr. 14 00

 Das Stundenbilder Sport-Paket GS:

Alle 3: Nr. 11 255 **nur** 26,80 €

Das Stundenbilder Sport-Paket SEK

Alle 3: Nr. 14 006 **nur** 26,80 €

Lernen an Stationen

Zehn verschiedene umfangreiche, fertig ausgearbeitete Stundenbilder. Der von dem erfahrenen Sportautor R. Lütgeharm ausgearbeitete Unterrichtsplan hat zahlreiche abwechslungsreiche Übungen zu bieten! Aus dem Inhalt: Werfen, Stoßen, Springen, Stützen, Prellen.... Je 32 Seiten. **Je 10,80 €**

- Grundschule — Nr. 14 001
- Sekundarstufe — Nr. 14 002

Spiel & Spaß an und mit Turngeräten

Der Sportunterricht an den verschiedenen Turngeräten kann sehr aufregend und motivierend sein. Diese brandneuen 12 Stundenbilder für einen zeitgemäßen Sportunterricht haben es in sich! So macht den Schülern Sportunterricht richtig Spaß! **Altersgruppe: 8 bis 12 Jahre.**

39 Seiten — Nr. 10 529 — 12,80 €

Soft-Flyer — Frisbees aus Gummi

Frisbeescheiben aus Gummi. Die elastische Beschaffenheit der Frisbeescheiben provoziert weder Verletzungen noch Schäden! Leicht zu fangen, verursachen im Aufprall keinen Schaden. Die ideale Beschäftigung für die Pausen, Klassenausflüge oder den Sportunterricht!

Nr. 20 622 — 2,80 € / Stck.

Achtung: Staffelpreise
- ab 5 Stück nur 2,50 € / St.
- ab 10 Stück nur 2,40 € / St
- ab 20 Stück nur 2,20 € / St

Musikunterricht

DrumCircles

Wie führe ich meine Schülerinnen und Schüler spielerisch an ein musikalisches Geschehen heran? Dieses Heft bietet konkrete Hilfestellung! Schritt für Schritt führt Andreas von Hoff durch das ursprünglich aus Amerika kommende DrumCircle-Konzept, welches sich dafür ideal eignet. Eigens für den Einsatz in den ersten Klassen modifiziert, ermöglicht es auch und gerade den fachfremd Unterrichtenden einen unkomplizierten Einstieg in die faszinierende Welt der Rhythmen. Ein auf dem deutschen Markt bis dato einzigartiger praktischer Ratgeber! **24 Kopiervorlagen**

Nr. 10 841 — 10,80 €

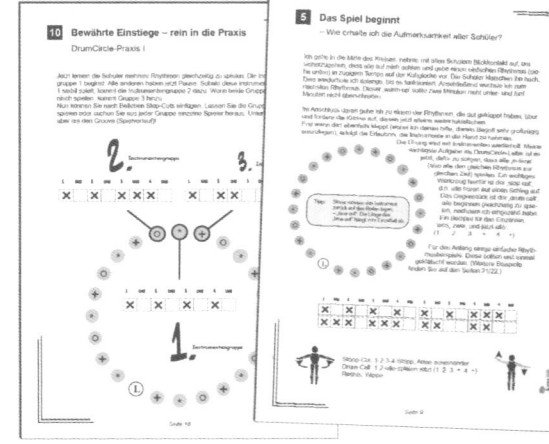

www.kohlverlag.de • Kohl-Verlag • Kirchnerstr. 16 • 50170 Kerpen • Bestell-Hotline: 02275 / 331610 • Fax: 02275 / 331612